# LEA

Wohnt in Nordhausen (Deutschland)
Expertin für Biologie

Lea lebt auf einem kleinen Bauernhof in der Nähe des Harzes. Dort kümmert sie sich um ihre Tiere, mit denen sie manchmal leichter zurechtkommt als mit Gleichaltrigen in ihrer Schule. Seit sie zu den Forscher-Kids gehört, wird sie mit jedem Fall selbstbewusster. Mittlerweile ist sie ein unerschrockenes und hingebungsvolles Mitglied der Gruppe. Doch sobald Tiere in der Nähe sind, hat sie nur Augen für diese.

DK

# Ein Fall für die ForscherKids

## Achtung, Pflanzendiebe!

S. J. King

# INHALT

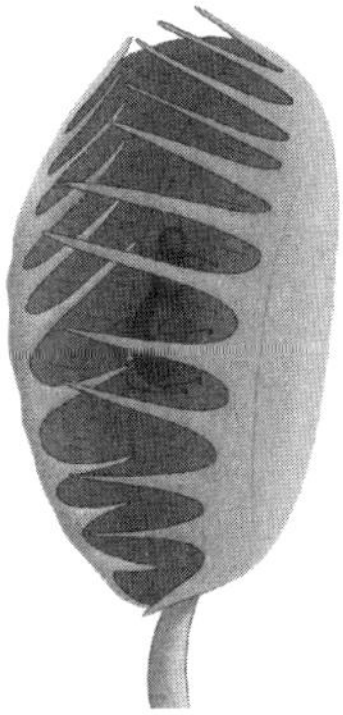

## LEAS NOTIZEN

## Kapitel 1

# WUNDER IM WALD

„Unglaublich!" Lea traute ihren Augen nicht. Das hier war, als wäre sie in ihrem Garten auf eine Fee gestoßen – nur noch besser.

Ohne die winzige Pflanze aus den Augen zu lassen, lehnte sie ihr Fahrrad gegen eine Buche und ging über die Waldlichtung. Je näher sie ihrer Entdeckung kam, umso aufgeregter wurde sie. Eine Geisterorchidee!

Aus Büchern und dem Internet wusste Lea, wie diese Blumen aussahen, aber sie hätte nie gedacht, dass sie einmal eine finden würde. Schon gar nicht so nah bei ihrem Haus in Nordhausen in Deutschland. Geisterorchideen waren extrem selten und vom Aussterben bedroht. Bisher hatte man sie auch nur im fernen Florida in den USA und auf Kuba in der Karibik gefunden.

Sie musste ihren speziellen Fund unbedingt geheim halten, das war Lea auf Anhieb klar.

Das Risiko, dass jemand die Orchidee stehlen würde, war viel zu hoch. Aber das fiel Lea nicht schwer, schließlich hatte sie noch ein anderes großes Geheimnis, von dem weder ihre Familie noch ihre Freunde wussten ...

Fasziniert betrachtete sie die zarte, weiße Blüte. *Kein Wunder, dass sie Geisterorchideen heißen*, dachte Lea. Im Gegensatz zu den meisten anderen Pflanzen hatte diese Blume keine grünen Teile.

Als Expertin für Pflanzen wusste Lea, was das bedeutete. Grüne Pflanzen enthielten Chlorophyll, eine Substanz, die Licht in Energie umwandelte, welche die Pflanzen zum Wachsen brauchten. Die kleine Geisterorchidee gewann ihre Nährstoffe auf anderem Weg – aus verrotteten Pflanzenteilen und Pilzen,

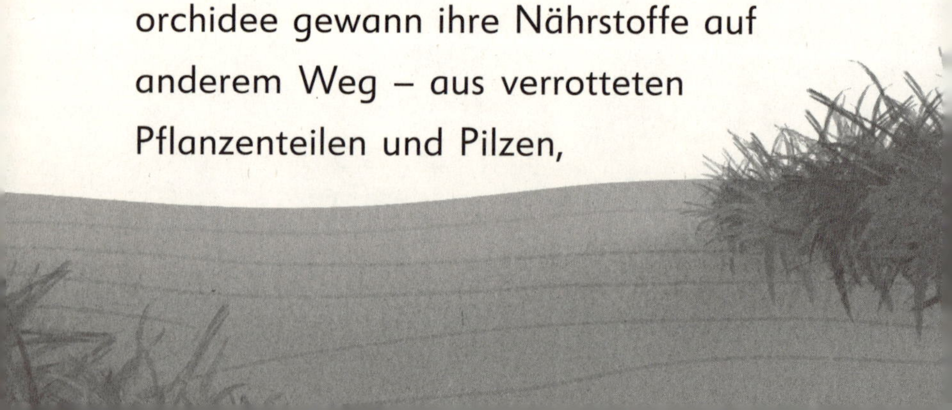

die auf Wurzeln und Ästen wuchsen. Deshalb kamen Geisterorchideen auch nur an schattigen Orten vor.

„Oh, wie cool", flüsterte Lea. Die Geisterorchidee war das Beste, was sie je gefunden hatte. Sie war nicht nur sehr, sehr selten, sondern bildete auch nur ungefähr alle zehn Jahre eine Blüte aus! Dass Lea sie entdeckt hatte, war ein kleines Wunder.

Doch leider konnte Lea nicht lange bleiben.

Zu Hause wartete ihr ganz eigenes Gewächshaus voller Pflanzen, die viel Aufmerksamkeit und Pflege brauchten. Noch immer aufgeregt wegen ihrer Entdeckung radelte Lea, so schnell sie konnte, zurück.

Gerade wollte sie die Tür zum Gewächshaus aufstoßen, als sie wie angewurzelt stehen blieb. Auf der Glasscheibe leuchtete ein Kompass.

„Juhu!", jubelte Lea.

An ihrer Latzhose trug sie ein Abzeichen mit demselben Symbol. Der Kompass war das Erkennungszeichen der Forscher-Kids, einer Gruppe von Experten, der auch Lea angehörte. Nun war sie noch aufgeregter. Die Forscher-Kids wurden zu einer Mission gerufen!

Lea öffnete die Tür, aber anstelle des vertrauten Gewächshauses mit seinen exotischen Pflanzen betrat sie einen Tunnel aus grellem weißem Licht. Wind umfing sie und ...

... eine Sekunde später stand sie in der Forscherzentrale.

„Lea hier!", rief sie und winkte kurz, wie immer, wenn sie sich zum Einsatz meldete.

Die Forscherzentrale war die geheime Basis der Forscher-Kids. Vor den schwarz glänzenden Wänden waren Objekte von ihren vielen bisherigen Missionen ausgestellt.

Es gab bequeme Sofas und Sessel zum Entspannen und mehrere Computer, sodass sie einander auch aus der Ferne gegenseitig helfen konnten.

Lea ging an der auf den Boden gemalten Weltkarte vorbei und ließ sich auf einem Sofa nieder, um auf die anderen zu warten. Die Karte würde ihnen später zeigen, wohin auf der Welt ihre Mission sie führte. An der gewölbten Decke über ihr schimmerte die Milchstraße.

Einer nach dem anderen kamen die Forscher-Kids durch die leuchtende Tür und gesellten sich zu Lea in die Sitzecke.

„Olli hier!“, rief ein Junge, dessen Stiefel wohl von einer Tour durch den Regenwald mit Schlamm überzogen waren.

„Kiki hier“, meldete sich ihre Technikerin.

„Roshni hier.“ Die Weltraum-Expertin warf nacheinander einen missbilligenden Blick auf Ollis Stiefelspuren, Kikis klebrige Finger und schließlich Leas dreckverkrustete Knie.

„Ziemlich schmutzig in der Forscherzentrale heute!“ Obwohl sie aus verschiedenen Ländern stammten, verstanden sich die Forscher-Kids dank der Magie der Forscherzentrale.

Schon kam der Nächste hereingerannt. „Cheng hier!“ So wie er sich den Staub vom T-Shirt klopfte, vermutete Lea, dass Cheng gerade mit seinem Geologenhammer Steine aufgeklopft hatte.

Dann betraten die Dinosaurier-Expertin Tamiko und der Meeresbiologe Connor die Zentrale. Gustavo traf zuletzt ein. „Ich habe auf dem Speicher in alten Büchern gestöbert“, erklärte ihr Experte für Geschichte und zupfte sich Spinnweben aus den Haaren.

„Und? Weiß jemand, um was es in der Mission geht?“, fragte Kiki.

„Vielleicht brauchen die Astronauten auf der ISS Hilfe!“, meinte Roshni.

„Oder ein U-Boot steckt in Schwierigkeiten“, vermutete Connor.

Auf der Weltkarte leuchtete ein Punkt auf.

„Das ist North Carolina an der Ostküste der USA“, sagte Cheng.

Ein Lichtstrahl projizierte das Bild einer kleinen Pflanze auf den Boden vor ihnen.

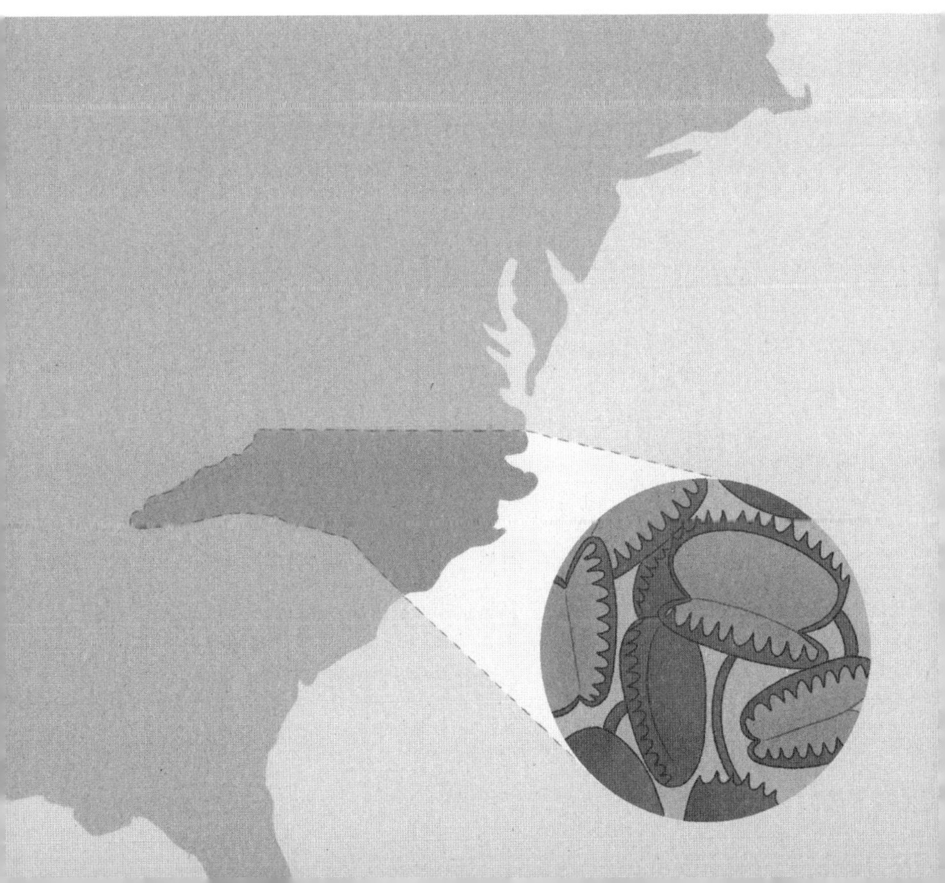

Sie wuchs in einem Wald und hatte Blätter mit Zacken an den Rändern, die aussahen wie Zähne.

Lea schnappte nach Luft. „Eine Venus-Fliegenfalle! Unsere Mission muss mit dieser Pflanze zu tun haben." Sie überkreuzte die Finger. *Hoffentlich werde ich diesmal ausgewählt*, hoffte sie im Stillen.

***PLING!*** Leas Kompass-Abzeichen fing an zu leuchten.

„Ja!" Mit einem Juchzer sprang sie vom Sofa. „Ich bin dabei!"

„Gute Wahl", meinte Roshni und alle stimmten ihr zu. Lea wusste mehr über Pflanzen als alle anderen zusammen.

Auch Gustavos Abzeichen leuchtete. „Krass!“, rief er. „Ich komme mit dir, Lea!“

„Willkommen an Bord!“ Lea hielt lächelnd beide Daumen hoch.

„Was haben Venus-Fliegenfallen mit Geschichte zu tun?“, wunderte sich Roshni.

Kiki zuckte mit den Schultern. „Keine Ahnung, aber bisher hat die Forscherzentrale für jede Mission die richtigen Experten ausgewählt, oder etwa nicht?“ Sie trat zu einem der Computer. „Seid ihr bereit? Es wird Zeit, dass ihr euch auf den Weg macht!“ Sie drückte einen roten Knopf und aus dem Boden tauchte die *Kolumbus* auf.

Lea musste jedes Mal kichern, wenn das alte Gokart mit seinem abblätternden Lack seinen großen Auftritt hatte. Aber wie die Forscher-Kids barg auch die *Kolumbus* ein ganz besonderes Geheimnis.

Eilig kletterten Lea und Gustavo auf den Sitz und schnallten sich an. START war auf einem großen roten Knopf am Armaturenbrett zu lesen.

Mit angehaltenem Atem betätigte Lea den Knopf.

Sehr viel schneller, als man es dem alten Ding zugetraut hätte, schoss die *Kolumbus*

los. Ein greller Lichtblitz blendete Lea und Gustavo, und das Gokart fing an zu rütteln und zu rattern, als würde es jeden Moment auseinanderfallen. Lea wusste jedoch, dass damit die Verwandlung einsetzte.

Immer schneller rasten sie durch den Lichtblitz, während die *Kolumbus* sich veränderte. Unter ihren Sitzen wuchs eine Stahlkarosserie und während das verbeulte Lenkrad in Gustavos Händen verschwand, tauchte vor Lea ein massiver Lenker auf.

Als das grelle Licht verblasste, waren die mickrigen Gokarträder verschwunden. Auf großen dicken Reifen fuhren sie weiter. Neben ihnen ragten hohe Bäume auf und Lea, die nun vorn saß, spürte die feuchte Luft im Gesicht.

Der Geruch von Salz stach ihr in die Nase. Gab es hier irgendwo in der Nähe ein Meer?

„Wow!“ Ein schillernd bunter Kolibri flitzte so dicht an Leas Kopf vorbei, dass sie zusammenzuckte.

Gustavo sah sich um. „Ich vermute, wir sind in North Carolina“, bemerkte er grinsend. „Und schau dir mal die *Kolumbus* an.“

Lea sah nach unten auf die riesigen Reifen. Ihr klappriges Gokart war jetzt ein robustes Quad.

„Das ist so cool“, freute sie sich. „Und ich dachte, noch toller könnte diese Mission gar nicht werden!“

## Kapitel 2

# PFLANZEN IN GEFAHR

„Was, denkst du, ist hier unsere Mission?", fragte Gustavo.

„Lass uns mal die Ausrüstung ansehen, vielleicht gibt uns das einen Hinweis", schlug Lea vor und hielt an.

Mit einem lauten ***PIIIEEEP!*** machte die *Kolumbus* sie auf einen Pfeil am Armaturenbrett aufmerksam. Er zeigte nach hinten.

Als sie um das Quad herumgingen, sprang mit einem fröhlichen **PLING!** der Deckel des Stauraums unter dem Sitz auf.

„Danke, Kumpel!", sagte Lea.

Gemeinsam sahen sie sich an, was die Forscherzentrale ihnen mitgegeben hatte. „Wir haben Wasser, Proviant für uns beide, Sonnencreme, einen Verbandskasten und Mückenspray", zählte Lea auf.

Gustavo zog ein großes Tablet mit Kompass-Abzeichen aus dem Koffer. „Sieh dir die Apps an!", rief er. „Ein GPS, eine HD-Kamera und ein Kommunikationssystem. Damit können wir Kontakt zu den anderen aufnehmen. Und was ist das da?"

„Ein Zelt und Schlafsäcke", stellte Lea fest.

„Cool. Aber wie sollen wir Venus-Fliegenfallen retten, wenn wir campen gehen?", wunderte sich Gustavo.

Lea zuckte die Achseln. „Es gibt nur einen Weg, das herauszufinden! Komm, wir sehen uns mal um."

Sie schnappte sich ihre Sachen und eine Wasserflasche und wollte gerade losgehen, als Gustavo sie zurückhielt. „Warte. Wir können die *Kolumbus* nicht einfach hier stehen lassen."

„Und wo soll sie hin?", fragte Lea.

Gustavo dachte nach. „Im Zweiten Weltkrieg hat man Panzer im Gestrüpp versteckt. Das könnten wir auch machen."

„Echt praktisch, dein Riesenwissen über Geschichte!", lobte Lea ihn lächelnd.

Nach kurzer Suche hatten sie ein paar dichte Büsche gefunden: Hier parkten sie die *Kolumbus* und tarnten sie mit Zweigen. Dann marschierten sie los, nahmen fürs Erste aber nur das Tablet und den Verbandskasten mit.

Über ihnen flogen weiße Vögel mit großen gelblichen Schnäbeln. „Pelikane!", rief Lea. „Das heißt, dass wir uns in einem Küstenwald befinden. Das Meer muss ganz in der Nähe sein. Sicher gibt es hier jede Menge frei lebende Tiere."

Tatsächlich glitt kurz darauf ein kleiner grauer Schatten über ihre Köpfe hinweg. Etwas segelte mit ausgebreiteten Armen und Beinen von einem Baum zum nächsten. Zwischen den Gliedmaßen spannten sich Flughäute wie zwei Flügel.

„Sieh nur! Was war das?“, fragte Gustavo.

„Ein Flughörnchen, das aber eigentlich gar nicht fliegt“, erklärte Lea. „Es gleitet durch die Luft, wie mit einem Fallschirm.“

Sie gingen über eine verwitterte, alte Brücke und im Fluss unter ihnen tauchte ein Fisch auf. Lea deutete auf die langen Fäden an seinem Maul, die an Schnurrhaare erinnerten und dem Fisch seinen Namen gaben. Es war ein Katzenwels.

Gerade als sie eine Trinkpause einlegen wollten, bemerkte Lea einige kleine grüne

Pflanzen am Boden. Sie sahen aus, als hätten sie Zähne ...

„Da sind sie!", rief sie aufgeregt.

„Das sind Venus-Fliegenfallen?" Gustavo kniete sich auf den Boden, um sich die aufgeklappten Blätter mit den spitzen Dornen genauer anzusehen. „Ich habe sie mir größer vorgestellt."

Lea lachte. „Venus-Fliegenfallen sind doch keine menschenfressenden Monsterpflanzen. Sie werden nur zehn Zentimeter groß. Aber sie sind tatsächlich karnivor. Das heißt, sie fressen Fleisch."

„Wahnsinn", sagte Gustavo staunend. „Aber sie sehen nicht aus, als ob sie unsere Hilfe bräuchten ..."

Plötzlich packte Lea ihn am Arm. „Hey, schau dir das an! Abendessen!"

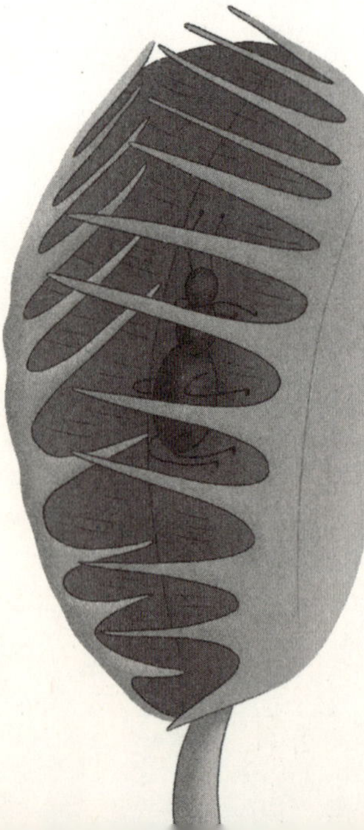

Eine Ameise war zwischen die aufgeklappten Blätter gekrabbelt. Fasziniert beobachteten Lea und Gustavo, wie das Insekt sich noch ein winziges Stück bewegte – dann schnappte blitzschnell die Falle zu. Wie lange

Finger griffen die Dornen ineinander und schlossen die Ameise ein.

„Wow! Woher wusste sie von der Ameise?", wunderte sich Gustavo.

Lea zeigte auf einen geöffneten Pflanzenkopf. „Siehst du die winzigen Härchen auf der Innenseite? Das sind Fühlborsten", erklärte sie. „Wenn man sie berührt, machen die Fangblätter sich bereit zuzuschnappen. Das tun sie aber nur, wenn in den nächsten zwanzig Sekunden eine zweite Borste berührt wird."

Gustavo blieb der Mund offen stehen. „Willst du damit sagen, dass diese Pflänzchen zählen können?"

Lea grinste belustigt. „Die Fühlborsten sorgen dafür, dass die Falle sich nicht bei jedem Regentröpfchen oder Blatt, das hineinfällt, schließt. Ein Insekt bewegt sich ja.

Dabei berührt es nacheinander die Borsten. So verschwendet die Venus-Fliegenfalle keine unnötige Energie darauf, sich Dinge zu schnappen, die sie nicht fressen kann."

Gustavo starrte auf die Fangblätter. „Was passiert jetzt mit der Ameise?"

„Sie wird verdaut, mithilfe von Säften, ähnlich denen in einem menschlichen Magen", erklärte Lea.

Gustavo stand auf und klopfte sich die Hose ab. „Also ... wie Tiere Pflanzen fressen, habe ich ja schon oft gesehen. Aber noch nie, wie eine Pflanze ein Tier frisst!"

Sie setzten ihren Weg fort.

„Venus-Fliegenfallen haben sich erst gezwungenermaßen zu Fleischfressern entwickelt", erklärte Lea weiter. „Der Boden hier bot ihnen nicht genügend Nährstoffe, also fingen sie an, Insekten zu fressen." Sie dachte an die Geisterorchidee zu Hause, die sich von Pilzen und verrotteten Blättern ernährte. Ihr war es also ganz ähnlich ergangen.

„Hey, Lea, sieh mal!" Gustavo deutete zwischen den Bäumen hindurch.

Ein Stück vor ihnen stand ein Holzhaus mit vielen großen Fenstern. *NATURSCHUTZBUND NORTH CAROLINA SAATGUTBANK* stand auf dem Schild.

„Vielleicht erfahren wir dort, was unsere Mission ist", überlegte Gustavo laut.

Lea nickte. „In so einem Naturschutzzentrum arbeiten normalerweise Pflanzenschützer. Komm, wir fragen mal nach.“

Sie traten ein. Der Geruch erinnerte Lea an ein Treibhaus und an Familienausflüge ins Gartenzentrum. Dennoch sah es hier eher aus wie in einem Labor. Auf verschiedenen Arbeitstischen standen mit Erde gefüllte

Schalen mit Setzlingen. Mehrere Leute besprühten die winzigen Pflanzen mit Wasser oder topften sie behutsam um.

Lea bemerkte eine Frau, die gerade eine Venus-Fliegenfalle untersuchte. Zusammen mit Gustavo trat sie zu ihr. „Entschuldigen Sie", begann sie. „Geht es der Pflanze gut? Können wir irgendwie helfen?"

„Ich denke, dass sie sich erholt." Die Frau sah sie durch ihre Brillengläser hindurch an und lächelte. „Mein Name ist Luisa. Ich bin Botanikerin. Wisst ihr, was das ist?"

„Eine Pflanzenforscherin!", rief Lea.

Luisas Lächeln wurde breiter. „Hier im Naturschutzzentrum kümmern wir uns unter anderem um Venus-Fliegenfallen, die wir Wilderern abgenommen haben."

„Wilderer?", fragten Lea und Gustavo wie aus einem Mund.

„Sie stehlen wild wachsende Venus-Fliegenfallen und verkaufen sie dann", sagte Luisa. „Und das ist ein Riesenproblem. North Carolina ist einer der wenigen Orte auf der Welt, wo Venus-Fliegenfallen wild wachsen. Die Pflanzen haben es ohnehin sehr schwer, weil ihr natürlicher Lebensraum durch das Fällen von Bäumen zunehmend zerstört wird."

Luisa seufzte tief. „Aber das Wildern macht alles noch schlimmer. Inzwischen sind Venus-Fliegenfallen vom Aussterben bedroht."

„Das ist ja schrecklich!", rief Gustavo.

„Ich will euch etwas zeigen", sagte Luisa. „Berührt mal mit dem Finger die Innenseite der Fangblätter. So könnt ihr die Reaktion der Pflanzen testen. Aber seid bitte ganz vorsichtig."

Lea und Gustavo berührten sanft die Fühlborsten, aber die Venus-Fliegenfallen schnappten nicht zu wie die, die sie im Wald gesehen hatten. Stattdessen schlossen sie sich nur sehr langsam, als wären sie ganz erschöpft und kraftlos.

Wieder seufzte Luisa. „Das ist ein schlechtes Zeichen. Die Wilderer kümmern sich nicht richtig um die Pflanzen, die sie stehlen. Diese Venus-Fliegenfallen hier haben ziemlich gelitten."

„Können Sie ihnen denn helfen?", fragte Lea betroffen. Ihr taten die Pflanzen furchtbar leid.

„Wir pflegen sie wieder gesund, keine Sorge", versicherte ihr Luisa. „Und dann pflanzen wir sie im Wald wieder ein. Diese hier hat Glück, denn leider können wir nicht alle rechtzeitig retten."

„Ich glaube, ich weiß jetzt, was unsere Mission ist", flüsterte Gustavo Lea ins Ohr.

„Ich auch", flüsterte sie zurück. „Wir müssen die Venus-Fliegenfallen vor diesen fiesen Wilderern schützen!"

## Kapitel 3

# WILDERER!

Die Forscherzentrale vermochte durch ihre Magie viele erstaunliche Dinge zu tun, aber besonders nützlich war, dass sie die Forscher-Kids nach einer Mission wieder in genau den Moment zurückversetzte, in dem sie ihr Zuhause verlassen hatten. Selbst wenn eine Mission viele Stunden dauerte, machten sich ihre Familien daher nie Sorgen.

*Zum Glück,* dachte Lea und blickte hinauf zu den blinkenden Sternen am Nachthimmel über North Carolina.

Am Abend hatten sie und Gustavo das Zelt neben einem großen Feld Venus-Fliegenfallen aufgeschlagen, um es zu bewachen. Nun war es kurz vor der Morgendämmerung, die dunkelste Stunde der Nacht.

Wenigstens mussten sie nicht hungern. In der Kühlbox der *Kolumbus* waren Getränke und Sandwiches, die sie vor dem Zelt genüsslich verputzt hatten. Jetzt mussten sie nur dasitzen, wach bleiben und abwarten ...

Lea war hellwach und etwas kribbelig. Im Dunkeln war der Wald voller seltsamer Geräusche, denn nun waren die nachtaktiven Tiere unterwegs. Als Biologie-Expertin fand Lea es total spannend, ihnen zu lauschen,

aber Gustavo war hier draußen eher unheimlich zumute.

Ein dunkler Schatten, dunkler als der Wald, flog vorüber. Gustavo erstarrte. „Was war das?", zischte er leise.

„Nur eine Fledermaus", beruhigte ihn Lea. „Sie ist auf der Jagd."

Ganz in der Nähe war ein Quaken zu hören. Dann noch einmal. Gustavo sprang auf. „Und das? Es kommt näher, oder?"

Lea unterdrückte ein Lachen. „Frösche. Mit dem Quaken verteidigen sie ihr Territorium."

Gustavo setzte sich wieder und schien sich ein wenig zu entspannen. „Danke. Wenn ich mich besser in Bio auskennen würde, wäre das alles wahrscheinlich nicht so gruselig."

Als er etwas später in der Ferne einen Schrei hörte, musste er sogar grinsen. „Eine Eule, habe ich recht?"

Lea nickte. „Das klang nach einem Uhu. Und hör mal! Da kämpfen zwei Rotluchse!“

Sie saßen ganz still und lauschten dem heiseren Jaulen der Luchse.

„Das ist so toll“, flüsterte Gustavo glücklich.

„Ich weiß“, entgegnete Lea. „Ich wünschte, wir könnten die ganze W–“

Da – ein Husten.

Sofort waren sie still. *Das war kein Tier*, dachte Lea. *Das war ein Mensch!* Sie bekam eine Gänsehaut.

Noch ein Husten. Es kam näher.

Lea und Gustavo hielten den Atem an. Am liebsten wäre Lea ins Zelt gekrochen und hätte sich den Schlafsack über den Kopf gezogen.

Da redete jemand! Es war noch zu weit weg, um die Worte verstehen zu können, aber eins war sicher: Sie waren nicht die einzigen Menschen in diesem dunklen Wald.

„Wilderer?“, flüsterte Gustavo.

„Es gibt nur eine Möglichkeit, das herauszufinden“, wisperte Lea.

„Anschleichen?“

„Genau.“

Lea kramte für alle Fälle das Tablet mit der integrierten Kamera aus dem Zelt, dann machten sie sich leise auf den Weg in die Richtung, aus der die Stimmen kamen.

Finster ragten die Bäume neben ihnen auf und immer wieder hingen Zweige im Weg, unter denen sie sich hindurchducken mussten. Unter ihren Stiefeln quoll der Schlamm hervor.

Blätter streiften Leas Wange und ihr lief ein Schauer über den Rücken. „Bist du noch da?“, flüsterte sie.

„Ja“, hörte sie Gustavos leise Stimme hinter sich. Er hörte sich genauso bange an, wie Lea sich fühlte.

Doch nun erspähte sie zwischen den Bäumen ein Licht. Es hüpfte unruhig auf und ab. Eine Taschenlampe! Lea und Gustavo duckten sich und krochen langsam weiter, bis sie an den Rand einer Lichtung kamen.

Dort knieten ein Mann und eine Frau am Boden. Der Mann leuchtete mit seiner Taschenlampe, die Frau hielt eine Schaufel in der Hand. Neben ihnen stand eine Schachtel. Lea beobachtete, wie die Frau eine Venus-Fliegenfalle aus der Erde hob, in die Schachtel setzte und dann die nächste ausgrub.

„Halt die Taschenlampe still!“, zischte die Frau. „Fast hätte ich eine kaputtgemacht! Die Dinger sind viel Geld wert.“

Lea wurde eiskalt. „Das sind definitiv Wilderer!“, flüsterte sie.

„Wir müssen sie irgendwie aufhalten“, wisperte Gustavo zurück. „Kannst du sie auf frischer Tat filmen?“

Lea nahm all ihren Mut zusammen und kroch näher an die beiden heran. Dabei bemühte sie sich, leise zu sein.

Mit zitternden Händen richtete sie das Tablet auf die Wilderer und drückte den Aufnahmeknopf. Es war nicht besonders hell, aber es musste einfach genügen. *Hoffentlich klappt es*, dachte sie.

Die Frau keuchte schwer, während sie mit der Schaufel eine Pflanze nach der anderen

samt etwas Erde in die Schachtel packte. Lea hielt die Kamera, so ruhig sie konnte.

Plötzlich erwachte die Dunkelheit zum Leben. Links neben ihr erhob sich mit einem lauten Grunzen ein riesenhafter Schatten aus dem Unterholz. Lea erstarrte. Sie konnte nicht genau erkennen, was es war, aber es war auf jeden Fall ein Tier. Ein großes Tier. Und es war so nah, dass sie es atmen hören konnte!

Die Wilderer hatten das Knacken und Rascheln ebenfalls gehört und sprangen auf.

„Da ist jemand!", fauchte die Frau. Sie schnappte sich die Schachtel mit den Venus-Fliegenfallen. „Hauen wir ab!"

Entsetzt sah Lea, wie die beiden Wilderer durch den Wald davonrannten, während sie mit Gustavo allein in der Dunkelheit zurückblieb – mit einem riesigen Tier ...

# Kapitel 4
# DIE VERFOLGUNGSJAGD

Lea sah das Licht der Taschenlampe zwischen den Bäumen aufblitzen und packte Gustavo am Arm. „Komm!“

Sie mussten diese Wilderer schnappen – und vor dem unheimlichen Tier fliehen, das da im Gebüsch lauerte.

Zu zweit rannten sie durch den Wald. Er war voller Gefahren! Sie stolperten über

Wurzeln und blieben mit den Kleidern an Dornen hängen. Ein lauter Schrei war zu hören. Einer der Wilderer war wohl gegen einen tief hängenden Ast gelaufen.

Plötzlich war das Licht verschwunden. Sie hatten sie verloren! Keuchend spähte Lea in die Nacht. Aber da war nichts außer schwankenden Ästen und der Finsternis des Waldes.

„Hier lang!", schnaufte Gustavo und zog sie in die entgegengesetzte Richtung, wo wieder die Taschenlampe aufblitzte. Die Wilderer hatten einen Haken geschlagen.

*Clever*, dachte Lea, *sie versuchen, uns abzuhängen.*

Sie nahmen die Verfolgung wieder auf und Lea war froh, dass Gustavo so schnell geschaltet hatte. Aber dann verschwand das Licht plötzlich wieder.

Verwirrt stolperte Lea noch ein paar Schritte vorwärts, bis ihr dämmerte, was los war. Das Licht war gar nicht verschwunden, es wurde verdeckt! Vor ihnen türmte sich eine große dunkle Gestalt auf. Geräuschvoll schnüffelte sie umher und brummte.

Das war das Tier, das sie aufgeschreckt hatten! Und nun wusste Lea auch, was es war ...

Sie hielt Gustavo am Ärmel fest. „Stopp!", zischte sie.

„Warum? Was ..."

„Es ist ein Schwarzbär!"

Hinter einer Wolke kam der Mond hervor. Nun war der Bär deutlich zu erkennen. Aufrecht stand er da, mindestens einen Meter achtzig groß, und sein schwarzes Fell glänzte im Mondlicht. Um ein Haar wären sie in ihn hineingelaufen.

Zu ihrer Erleichterung griff der Bär sie aber nicht an. Stattdessen ließ er sich auf alle viere plumpsen und tapste schnaubend durchs Unterholz davon.

Gustavo schluckte ängstlich. „Wollte er uns fressen?"

„Unwahrscheinlich", beruhigte ihn Lea. „Mit einem Grizzly hätten wir ein Problem gehabt, aber Schwarzbären sind weniger aggressiv."

Gustavo seufzte erleichtert.

„Trotzdem müssen wir vorsichtig sein", warnte Lea. „Wir sind in sein Revier eingedrungen. Die Wilderer haben ihn sicher aufgescheucht. Kein Wunder, dass er schlechte Laune hat."

„Und was machen wir jetzt?"

„Wir weichen ihm aus", sagte Lea mit ruhiger Stimme, um Gustavo Mut zu machen.

Sie schlugen einen weiten Bogen um den Bären. In der Ferne blinkte noch ein paarmal die Taschenlampe der Wilderer auf, aber als Lea und Gustavo den erbosten Bären endlich hinter sich gelassen hatten, war es endgültig verschwunden.

Lea stöhnte. „Sie sind weg! Wie sollen wir denn nun die gestohlenen Venus-Fliegenfallen zurückholen?"

„Uns wird schon was einfallen", tröstete Gustavo sie und deutete nach Osten, wo der schwarze Himmel langsam blau wurde. „Schau mal, die Sonne geht auf. Ich weiß, was wir jetzt machen."

„Was denn?"

„Na, frühstücken", sagte Gustavo. „‚Eine Armee marschiert mit dem Bauch.' Das hat Napoleon mal gesagt."

Wieder am Zelt angekommen, aßen sie eilig ein paar Müsliriegel und tranken Saft dazu. Kauend nahm Lea das Tablet auf den Schoß. Sie sah es praktisch vor sich, wie die Wilderer sich ins Fäustchen lachten, weil sie ihnen mit den gestohlenen Pflanzen entkommen waren.

„Wir müssen unbedingt die Venus-Fliegenfallen retten", murmelte sie. „Nur wie?"

„Du hast die Wilderer doch auf frischer Tat gefilmt", erinnerte sie Gustavo. „Sehen wir uns die Aufnahmen mal an."

Lea drückte auf PLAY und spielte das Video ab. Sofort wurde ihr das Herz schwer. Anstelle der erhofften Beweise waren nur verschwommene Bäume zu erkennen.

Dann waren Bärengeräusche zu hören und Gustavos Bein kam ins Bild, gefolgt von der wackeligen Sequenz, als sie durch den Wald rannten. Die Wilderer waren kaum zu sehen, geschweige denn ihre Gesichter.

„So viel zu meinem Talent als Kamerafrau", sagte Lea enttäuscht. „Was machen wir denn jetzt?"

Gustavo brummte nachdenklich. „Na ja, wir Geschichtsexperten sammeln Hinweise, anhand derer wir uns ein Bild von der Vergangenheit machen. Wenn wir also einen Hinweis finden oder eine Spur, finden wir vielleicht auch heraus, wo die Wilderer die Pflanzen hingebracht haben."

„Das ist brillant!", jubelte Lea.

Gemeinsam liefen sie zu der Stelle zurück, an der die Wilderer gegraben hatten.

Sie waren noch nicht weit gekommen, als Gustavo plötzlich stehen blieb. „Wow!"

„Was ist?" Lea konnte nichts Ungewöhnliches entdecken.

Gustavo rieb sich die Augen und zeigte auf ein paar bräunliche Steine am Waldboden. „Entweder ich bin total durchgeknallt oder diese Steine haben sich gerade bewegt!"

Lea sah sie sich genauer an. Die Steine bewegten sich tatsächlich!

Aus einem lugten ein paar Augen hervor, dann eine Schnauze und Zehen mit Krallen. Der obere Teil des Steins war ein gestreifter Panzer. Plötzlich wusste sie, was das war.

„Das sind keine Steine, Gustavo", rief sie. „Das sind vier Gürteltierbabys!"

Lea sah den kleinen Tieren eine Weile zu, wie sie umherkrabbelten. Sie waren unglaublich süß, aber Lea wusste, dass man sie in Ruhe lassen musste. Ihre Mutter würde sich um sie kümmern.

Aber wo war die Mutter?

Sie sah sich nach einem erwachsenen Gürteltier um. Sogar im Gebüsch suchte sie, doch sie konnte die Mutter nirgends entdecken. Nicht einmal eine Spur von ihr.

„Komm jetzt, Lea!", rief Gustavo, der schon ein gutes Stück weiter war. „Wir müssen diese Wilderer stellen!"

Lea war hin- und hergerissen. Einerseits hatte Gustavo natürlich recht – sie mussten die Venus-Fliegenfallen retten. Das war schließlich ihre Mission! Andererseits ...

*Die Forscher-Kids lassen niemanden im Stich, der Hilfe braucht.*

Lea wusste, was sie zu tun hatte.

„Du hast recht“, rief sie Gustavo zu. „Aber vor den Wilderern müssen wir noch die Mutter der Kleinen hier finden. Und zwar schnell!“

## Kapitel 5
# AUF SPURENSUCHE

Sie durchforsteten das gesamte Unterholz nach der Gürteltiermutter, sahen unter Farnblättern nach und hinter jedem Busch.

„Ich frage mich, wie die Kleinen ihre Mutter überhaupt verlieren konnten“, sagte Gustavo.

„Vielleicht hat sie etwas erschreckt und sie sind davongelaufen“, vermutete Lea.

„Wetten, dass das die Wilderer waren?", meinte Gustavo grimmig. „Glaubst du, Gürteltiermütter können ihre Jungen auseinanderhalten? Für mich sehen sie alle gleich aus."

„Das sind sie ja auch", erklärte Lea. „Sie haben dieselben Gene."

„Wie eineiige Zwillinge?"

„Genau", sagte Lea. „Gürteltiere sind die einzigen Säugetiere, die immer vier identische Babys bekommen."

Nach einer Weile rief Gustavo Lea zu einem ungefähr zwanzig Zentimeter breiten Loch im Boden.

„Das muss ihr Bau sein", sagte Lea. „Hoffentlich ist die Mutter zu Hause! Wir müssen sie irgendwie zu ihren Jungen locken."

Gustavo rieb sich den Nacken. „Wir könnten doch eine Spur aus Früchten legen."

„Gute Idee", meinte Lea. „Aber Gürteltiere sind insektivor, sie fressen nur Insekten. Genau wie die Venus-Fliegenfallen."

Lea wies Gustavo an, am Boden nach verrotteten Ästen zu suchen. In ihnen lebten viele Insekten und Maden. Bei der Suche fiel Gustavo fast über einen mit Moos und Flechten überzogenen Baumstamm. Als Lea ein Stück der weichen Rinde abzog, wimmelte es darunter von Insekten.

Lea erkannte sofort, wie unangenehm es Gustavo war, die Krabbeltiere in die Hand zu nehmen. Aber für die Gürteltierbabys überwand er sich. Sie streckte die Hand aus und er legte ihr ein paar hinein.

Schon nach kurzer Zeit hatten sie eine Insektenspur vom Bau bis zu den Gürteltierbabys gelegt. Lea und Gustavo kauerten sich hinter einem Busch nieder und warteten.

Dabei verhielten sie sich so still wie möglich, um mit der Umgebung zu verschmelzen.

Gustavo runzelte die Stirn. „Bist du dort lang gegangen, Lea?“ Er zeigte auf ein paar zertrampelte Pflanzen.

„Nein, warum?“

„Könnte das da ein Gürteltier gewesen sein?“, fragte Gustavo. „Vielleicht täuschen wir uns und die Mutter ist in diese Richtung gegangen.“

Lea schüttelte den Kopf. „Die Spur ist zu breit für ein Gürteltier.

Alles ist zertrampelt, als wäre ein Mensch ..."
Sie schnappte nach Luft. „Gustavo, ich glaube, wir haben den Hinweis, den ... Oh, schau mal!"

Ein ausgewachsenes Gürteltier streckte die Nase aus dem Bau. Lea und Gustavo sahen sich triumphierend an. Die Mutter! Ob sie die Insektenspur aufnehmen würde?

Das Gürteltier schnüffelte und schnappte sich den ersten Köder.

„Es funktioniert!", flüsterte Gustavo.

„Hoffentlich findet sie ihre Babys schnell", flüsterte Lea zurück. „Wir haben ja jetzt auch eine Fährte, der wir nachgehen müssen."

Erleichtert sahen Leo und Gustavo zu, wie das Gürteltier der Insektenspur folgte. Als die zusammengekuschelten Kleinen ihre Mutter entdeckten, liefen sie ihr aufgeregt quiekend entgegen.

Die Gürteltierfamilie war wieder vereint. Nachdem sie sich ausgiebig beschnüffelt

hatten, folgten die Jungen ihrer Mutter zurück in den Bau.

„Sie sind in Sicherheit, zum Glück!“, freute sich Gustavo.

„Gute Arbeit!“ Lea klatschte ihn ab. „Tja, dann lass uns mal unsere Fährte aufnehmen ...“

Sie liefen an die Stelle mit dem niedergetrampelten Gras. Das war definitiv eine Spur. Vorsichtig beugten sie sich über die zertretenen Blätter.

„Ich kann hier nicht viel erkennen. Du?“, fragte Lea.

„Nein, aber schau mal dort!“ Gustavo rannte weiter. „Das platt getretene Gras zeigt in diese Richtung. Das heißt, die Wilderer sind von da nach dort gelaufen.“

Lea nickte. „Klingt logisch. Los, komm!“

Die Spur führte sie über grasigen Boden und an einer dichten Baumgruppe vorbei.

Erschrocken bemerkte Lea einige Venus-Fliegenfallen, neben denen frische Löcher im Boden klafften. „Sie haben sogar noch mehr mitgenommen!“, rief sie empört.

„Nachdem sie uns gestern Nacht abgeschüttelt hatten, haben sie sich wahrscheinlich wieder sicher gefühlt.“

„Sie müssen Hunderte Pflanzen gestohlen haben“, sagte Lea finster. „Ich wünschte, wir hätten ihnen gestern schon das Handwerk legen können.“

„Das können wir immer noch. Da sie noch mehr Pflanzen ausgegraben haben, wissen wir, dass sie hier waren. Ihre Gier hat sie verraten. Wir finden schon noch heraus, wohin sie gegangen sind!“, versicherte ihr Gustavo.

Lea nickte. Sie war froh, ihn an ihrer Seite zu haben. Seine positive Einstellung gab ihr Zuversicht.

Sie folgten weiter den Spuren im Gras, bis sie an einen Bach kamen. *Nehmt euch in Acht, ihr Wilderer*!, dachte Lea mit neuem Mut. *Wir sind euch auf den Fersen*!

Kapitel 6

# DER HILFERUF

„Da!", rief Gustavo, der neben Lea am Ufer stand. Er zeigte auf die andere Seite. „Siehst du die abgebrochenen Zweige?"

Lea versuchte, sich die Wilderer in der Nacht vorzustellen. „Es war dunkel, deshalb konnten sie die Steine nicht sehen und sind blind über den Bach gesprungen ... Wahrscheinlich haben sie auch die Zweige nicht gesehen. Sie sind einfach weitergegangen und haben sie dabei abgebrochen."

„Gut kombiniert!" Gustavo sprang über den Bach wie die Wilderer vor ihnen. Lea sprang hinterher. So langsam begann diese Verfolgungsjagd ihr Spaß zu machen. Sie konnte kaum erwarten, welchen Hinweis Gustavo als Nächstes fand.

Doch dann war es Lea, die etwas im Schlamm entdeckte. „Warte, Gustavo! Ist das nicht ein Fußabdruck?"

Gustavo sah sich die u-förmige Spur an. „Ja, du hast ein gutes Auge."

„Er sieht ein wenig merkwürdig aus", stellte Lea fest. „Als wäre es nur der vordere Teil."

„Ist es auch", erklärte Gustavo. „Wenn wir rennen, setzen wir nicht den ganzen Fuß auf. Nur der vordere Teil berührt den Boden."

„Die Wilderer sind gerannt, also müssen das ihre Spuren sein!"

Gustavo kam ins Grübeln. „Gut, dass du den Abdruck entdeckt hast. Offenbar haben sie plötzlich die Richtung gewechselt und sind durch die Büsche gelaufen. Ich frage mich nur warum?"

„Da! Bärenspuren!" Lea deutete auf den Boden. „Unser Schwarzbär von gestern hat wohl einen Kumpel."

Gustavo grinste. „Du wärst eine gute Detektivin."

Das Blätterdach über ihnen wurde dichter und es fiel weniger Sonnenlicht auf den Waldboden. Deshalb wuchs hier weniger und es gab mehr nackte Erde. Hier waren die

Fußspuren leicht zu erkennen. Lea fiel auf, dass sie regelmäßiger wurden. Die Wilderer waren also langsamer geworden. Gustavo hob etwas Glänzendes vom Boden auf.

„Schokoladenpapier“, sagte er. „Wenn sie Zeit für einen Snack hatten, können sie es nicht mehr eilig gehabt haben. Sie dachten wohl, sie seien in Sicherheit.“

Angewidert steckte Lea das Papier in die Hosentasche. Dann suchten sie gemeinsam den Waldboden nach weiteren Fußspuren ab, konnten aber keine mehr finden.

„Wir haben ihre Spur verloren", murmelte sie enttäuscht. „Dann war's das wohl ..."

„Lass uns noch mal dort nachsehen, wo wir das Papier gefunden haben", schlug Gustavo vor. „Ich habe den Verdacht, es ist irgendwo herausgefallen oder weggeworfen worden."

Lea schob einen Farn beiseite. „Reifenspuren!", rief sie. „So also sind sie hier weggekommen!"

„Ich wusste es!", rief Gustavo. „Sie haben die Schokolade im Fahrzeug gegessen und dann das Papier aus dem Fenster geworfen."

Lea war sauer. „Sie wildern nicht nur, sondern verschmutzen auch noch die Umwelt!"

Gustavo untersuchte die Reifenspuren etwas genauer. Sie führten aus dem Wald hinaus. „Sie könnten schon weit weg sein."

Aber Lea war fest entschlossen, nicht aufzugeben. „Wir holen die *Kolumbus* und folgen ihnen."

Kurz darauf rasten sie durch den Wald. Der Motor dröhnte und die *Kolumbus* ließ immer wieder ein aufgeregtes ***PIEP!*** hören.

Nach einer Weile endeten die Reifenspuren schließlich an einer Straße am Waldrand. Sie fuhren sie ein kleines Stück entlang, bis Lea eine Reihe größerer Gebäude auffiel. Sie hielten an, um sie sich genauer anzusehen.

„Was, glaubst du, ist das?“, fragte Gustavo.

Lea betrachtete aufmerksam die hohen Wände mit den kleinen Fenstern und das flache Blechdach. „Ich vermute, das sind Lagerhallen.“

Sie schlichen sich näher heran und lauschten dabei nach nahenden Autos. Auf dem Parkplatz vor den Lagerhallen standen mehrere neben Pick-ups mit Ladefläche.

„Die Venus-Fliegenfallen müssen in einer dieser Hallen sein“, meinte Gustavo. „Nur in welcher? Wir können sie unmöglich alle durchsuchen.“

„Wenn wir wüssten, was für einen Wagen die Wilderer gefahren haben, wäre es leicht, sie zu finden“, sagte Lea.

Gustavo sah sie an. „Dann ist es wohl Zeit, die Forscher-Kids anzurufen!“

Er zog das Tablet aus dem Rucksack. „Gustavo und Lea an Forscherzentrale. Bitten um Unterstützung!“

Nach einem kurzen Moment des Wartens tauchten ihre Freunde auf dem Bildschirm auf. Sie saßen alle vor ihren Computern.

„Hier Forscherzentrale!“, rief Roshni. „Wie können wir helfen?“

Lea erklärte ihre Mission und wie dicht sie den Wilderern auf den Fersen waren. „Wir müssen nur noch herausfinden, welches dieser Fahrzeuge ihnen gehört.“

„Und ich weiß auch schon wie.“ Gustavo ging zurück zum Waldrand und hielt die Kamera des Tablets über die Reifenspuren. „Könnt ihr die in den Computer eingeben? Mal sehen, was er ausspuckt.“

„Schon dabei“, meldete sich Kiki.

Die Forscher-Kids machten sich an die Arbeit, während Lea und Gustavo nervös die Straße beobachteten. Wenn die Wilderer jetzt mit den gestohlenen Pflanzen abhauten, würden sie sie nicht aufhalten können.

„Treffer!“, jubelte Olli ein paar Minuten später. „Ich hab was gefunden!“

„Schieß los!", sagte Lea aufgeregt.

„Also, die Reifen haben ein besonders tiefes Profil", erklärte Olli. „Man montiert sie nur auf zwei Fahrzeugtypen: den Ranger 268, das ist ein Geländewagen. Oder auf einen Viper, das ist so ein großer Pick-up mit Ladefläche."

Erleichtert klatschten Lea und Gustavo sich ab. „Danke für die Hilfe, Leute!"

„Gern geschehen", erwiderte Olli.

„Viel Glück", riefen die anderen Forscher-Kids im Chor und winkten.

Gustavo schaltete den Bildschirm wieder aus.

Sie gingen zurück zur *Kolumbus* und fuhren so nah an die Lagerhallen heran, wie sie sich gerade noch trauten. Dann verließen sie die Straße wieder, versteckten das Quad hinter ein paar Bäumen und schlichen zurück auf den Parkplatz.

Geduckt und dicht hintereinander pirschten sie an den dort abgestellten Fahrzeugen entlang.

Lea fiel ein großer schwarzer Pritschenwagen mit getönten Scheiben auf. An den dicken Reifen klebte frische Erde und auf den Seiten des Autos prangte ein Bild giftgrüner, sich aufbäumender Schlangen. Als Biologie-Expertin erkannte Lea sofort, dass das Vipern waren.

„Der muss es sein", flüsterte sie Gustavo mit pochendem Herzen zu.

„Dann ist das hier die Lagerhalle der Wilderer", kombinierte Gustavo und zeigte zum Tor hinter dem Pick-up. „Wir haben sie!"

Das Tor stand weit offen. Aber dort hineinzugelangen, ohne gesehen zu werden, war unmöglich. Lea und Gustavo schlichen sich auf die Rückseite des Gebäudes.

Ebenerdig gab es keine Fenster, nur sehr kleine hoch oben unter dem Dach. Doch zum Glück stand in der Nähe ein kräftiger Baum.

Schnell kletterten sie im Schutz der dichten Blätter nach oben, bis Lea durch eines der verschmutzten kleinen Fenster in die Halle spähen konnte. Sie versuchte, nicht zum Boden zu sehen. Von ihrem Ast ging es ganz schön tief hinunter.

„Kannst du was sehen?“, fragte Gustavo.

„Jede Menge“, wisperte Lea. „Da drinnen stehen zig Kisten und sie sind alle voll mit Venus-Fliegenfallen!“

Gustavo reckte die Faust in die Luft, auch Lea strahlte. Die Verfolgungsjagd hatte ein Ende. Die Wilderer hatten wohl gedacht, sie wären ihm und Lea entkommen, aber sie hatten sie tatsächlich aufgespürt ...

# Kapitel 7
# DIE FALLE

Lea klammerte sich fest an den Ast und beobachtete, was in der Lagerhalle vor sich ging. Die Wilderer hatten alle Hände voll zu tun. Vier Leute verpackten die gestohlenen Venus-Fliegenfallen in Kisten, zwei andere – der Mann und die Frau, die sie in der Nacht gesehen hatten – brachten die Kisten auf einem Hubwagen nach draußen und luden sie in Autos und auf Pick-ups.

Dann fiel Lea auf, dass das Fenster einen Spalt breit offen stand. Wenn sie sich noch näher hinschob, konnte sie vielleicht verstehen, worüber die Wilderer sprachen.

Sie versuchte es. Der Ast knackste zwar unheimlich unter ihrem Gewicht, aber er hielt.

„Was, glaubt ihr, ist das hier?" Die wütende Stimme der Frau drang an Leas Ohr.

„Ein Kindergeburtstag? Die müssen alle heute Nacht noch verpackt werden! Oder wollt ihr meinem Käufer vielleicht erklären, weshalb die Hälfte der Pflanzen fehlt?"

„Wir arbeiten ja schon, so schnell wir können", beschwerte sich ein total verschwitzter Mann. „Es ist so heiß hier drinnen!"

Die Frau schnappte sich eine Sprühflasche und spritzte dem Mann ins Gesicht. „Besser so? Und jetzt hör auf zu jammern. Los! An die Arbeit!"

Schleunigst machte sich der Mann wieder daran, Pflanzen zu verpacken.

„Hast du das gehört?" Entsetzt blickte Lea zu Gustavo hinunter. „Sie wollen die Pflanzen heute Nacht verkaufen!"

„Uns bleibt nicht viel Zeit", sagte er mit angespannter Stimme. „Was machen wir denn jetzt?"

Lea runzelte die Stirn. Immer wenn die Forscher-Kids auf eine Mission gingen, hatte die *Kolumbus* stets alles an Bord, was sie brauchten, auch wenn sie anfangs manchmal gar nicht wussten, was und wofür. Was also hatten sie dabei, das ihnen helfen konnte?

Lea ging im Kopf die Ausrüstung durch. Da waren die Campingsachen. Sie lagen wieder im Fach unter dem Sitz. Der Proviant war aufgegessen. Das Tablet, mit dem sie versucht hatte, die Wilderer zu filmen? Das war total in die Hose gegangen. Alles, was sie hatten, waren ein paar verschwommene Bilder und das wütenden Gebrüll eines Bären ...

Plötzlich hatte Lea eine Idee. Ihr kam die Venus-Fliegenfalle wieder in den Sinn und wie ihre dornigen Fangblätter über der Ameise zugeschnappt waren. Vielleicht konnten sie den Wilderern ja eine Falle stellen!

„Gustavo, ich habe einen Plan“, sagte sie. „Er ist riskant, aber er könnte funktionieren. Hör zu …“

Lea und Gustavo schlichen sich zurück zur *Kolumbus* und riefen mit dem Tablet Luisa im Naturschutzzentrum an.

„Wir haben die Wilderer gefunden“, sagte Lea in die Kamera. „Wir senden Ihnen die Koordinaten. Könnten Sie bitte die Polizei informieren und so schnell wie möglich herkommen? Die Wilderer könnten sich jeden Moment aus dem Staub machen!“

„Natürlich“, versicherte Luisa überrascht. „Aber wie wollt ihr sie denn aufhalten? Diese Leute werden ja nicht einfach auf uns warten!“

„Überlassen Sie das ruhig uns“, sagte Lea und winkte zum Abschied.

Gustavo holte die Zeltschnüre aus der *Kolumbus* und Lea schnappte sich das Tablet. Dann schlichen sie zurück zur Halle. Dort versteckte Gustavo die Schnüre unter einem Busch.

So weit, so gut. Doch nun kam der schwierige Teil.

Wieder kletterten sie auf den Baum. Während Gustavo Wache hielt, schob Lea sich zum Fenster. Die Wilderer rannten noch

immer schuftend kreuz und quer durch die Halle. *Wie die Ameisen*, dachte Lea. *Nehmt euch bloß in Acht vor meinen Fühlborsten.*

Es war Zeit, die Falle zu stellen. Lea schaltete die Lautstärke des Tablets auf die höchste Stufe. Es war ein sehr modernes Gerät und sie hatte schon bemerkt, dass der Ton viel lauter zu regeln war, als es sonst der Fall war. Sie hielt das Tablet ans Fenster und drückte auf PLAY.

Seltsame Geräusche dröhnten aus dem Gerät und hallten in der riesigen Lagerhalle. Zuerst waren ein Schnauben, Knurren und Schnüffeln zu hören, dann ein lautes Rascheln und Knacken. Es war der Bär, der letzte Nacht durchs Unterholz getrampelt war. Aber für die Wilderer in der Lagerhalle musste es klingen wie ein Gruselwesen von einem anderen Planeten.

Erschrocken hielten sie inne und sahen sich an.

„Was zur Hölle ist das?", fragte einer.

„Vielleicht ist ein Ventilator kaputt?", meinte ein anderer. „Oder ein Luchs ist in die Lüftung geraten."

In diesem Moment ertönte aus dem Tablet ein tiefes, lautes Brummen.

„Boss!", brüllte der verschwitzte Wilderer. „Wir haben ein Problem!"

Die beiden Anführer kamen in die Lagerhalle gelaufen. „Was ist das für ein Lärm?", wollte die Frau wissen. „Wo kommt das her? Los, einer von euch überprüft das. Sofort!"

Lea grinste zu Gustavo hinüber, der den Daumen hochhielt. Ihr Plan funktionierte! Der Lärm hatte alle in die Halle gelockt. *Wie die Venus-Fliegenfalle ihre Beute mit Nektar anlockt*, dachte Lea. Nun musste ihre Falle nur noch zuschnappen.

Lea ließ die Bärengeräusche in einer Schleife laufen und legte das Tablet sicher in eine Astgabel. Dann kletterten sie hinunter, holten die Zeltschnüre unter dem Busch hervor und rannten zum Tor der Halle.

Als die Anführerin sie entdeckte, schrie sie: „Hey! Bleibt sofort stehen!"

Lea beachtete sie nicht weiter. Die Frau lief auf sie zu, doch Lea und Gustavo schlugen ihr die Tür vor der Nase zu. Die Wilderer saßen in der Falle!

Von drinnen war ein wütendes Hämmern zu hören, aber Gustavo und Lea wickelten rasch die Schnüre um die Griffe und zurrten sie fest.

„Sie sind gefangen", keuchte Lea. „Wie die Ameisen in der Falle!" Sie konnte es kaum glauben, ihr Plan war geglückt!

Doch so leicht gaben die Wilderer nicht auf. Mit lautem Geschrei schlugen sie mit den Fäusten so kräftig gegen das Tor, dass es bebte.

Lea und Gustavo traten einen Schritt zurück und sahen sich ängstlich an. Das Tor war aus Stahl. Aber würde es halten?

Ein lautes Krachen war zu hören. Das Material war wohl etwas rostig. Lea sah, dass eine der Angeln gleich herausbrechen würde.

***RUMMS!*** Krachend landete die Türangel neben ihnen auf dem Asphalt.

„Oh nein!", rief Gustavo.

Lea schluckte. Sie hatte gedacht, sie hätten gewonnen. Aber nun sah es ganz so aus, als würde ihr Plan, die Venus-Fliegenfallen zu retten, doch noch schiefgehen.

## Kapitel 8
# GERETTET!

***RUMMS!*** Das Lagerhallentor bog sich unter einem weiteren Schlag leicht nach außen.

„Wartet nur, bis wir euch kriegen, ihr unverschämten Gören!“, schrie die Frau von drinnen. Das Tor war jetzt einen Spalt breit offen und Lea konnte ihr wütendes Gesicht sehen. ***RUMMS!*** Die Zeltschnüre an den Türgriffen waren zum Zerreißen gespannt.

Gustavo packte Lea am Arm und zog sie weg. Mit angehaltenem Atem sahen sie zu, wie das Tor eine Beule nach der anderen bekam. Es war zu alt und zu rostig, um diesen Schlägen standzuhalten. Es würde jeden Moment nachgeben.

Wenn sie jetzt wegliefen, konnten sie vielleicht noch entkommen ... aber dann wären die Pflanzen für immer verloren. Lea ballte die Fäuste. Und hielt mit Gustavo die Stellung.

***RUMMS! KNIRSCH!*** Schon brach ein Teil des Tors aus den Angeln. Noch ein Schlag und es wäre endgültig offen.

Plötzlich war ein Motorengeräusch zu hören, gefolgt von einem lauten Hupen. Es war der Geländewagen des Naturschutzzentrums, mit dem Luisa die Straße heraufgeprescht kam.

„Sie sind da!", jubelte Lea und rannte dem Fahrzeug entgegen – genau in dem Moment, in dem das Tor zu Boden krachte.

Eine Horde wütender Wilderer stürmte aus dem Gebäude. Sie wollten sich auf Lea und Gustavo stürzen, blieben dann aber wie angewurzelt stehen. Das unverwechselbare Heulen von Polizeisirenen drang aus dem Wald. Die Wilderer rannten in alle Richtungen davon. Einen Moment später hielten mit quietschenden Bremsen und Blaulicht drei Polizeiautos auf dem Parkplatz. Die Polizisten sprangen heraus und jagten den Wilderern hinterher.

Lea und Gustavo fielen Luisa um den Hals.

„Sie haben keine Ahnung, wie froh wir sind, Sie zu sehen!", rief Lea.

„Es war eine waghalsige Fahrt!", sagte Luisa lachend.

Einen nach dem anderen brachten die Polizisten die Wilderer in Handschellen zurück auf den Parkplatz. Im Vorbeigehen warfen die Diebe Lea und Gustavo böse Blicke zu.

Die Anführerin schüttelte wutentbrannt den Kopf. „Ihr seid eine Horde Vollpfosten!", schrie sie die anderen Wilderer an. „Lasst euch von zwei Kindern austricksen!"

„Das reicht jetzt. Sie sind verhaftet", sagte eine Polizistin und sperrte die Frau in eines der Polizeiautos.

Nun, da die Wilderer weg waren, konnten sie endlich die große Lagerhalle betreten. Als Luisa die Kisten mit den gestohlenen Venus-Fliegenfallen entdeckte, breitete sie erleichtert die Arme aus. „Ich fasse es nicht! Ihr habt ja Tausende von Pflanzen gerettet!"

„Das haben wir gerne getan. Aber was passiert jetzt mit ihnen?", fragte Gustavo.

„Mein Team und ich kümmern uns um sie. Sobald sie sich erholt haben, bringen wir sie zurück in den Wald", erklärte Luisa. „Wollt ihr uns vielleicht auch dabei helfen?

Gerade haben wir im Naturschutzzentrum ein paar Venus-Fliegenfallen, die wieder eingepflanzt werden können."

„Ja!", riefen Lea und Gustavo begeistert.

Nur wenig später knieten sie auf dem weichen Waldboden und gruben mit Handschaufeln mehrere kleine Löcher. Vorsichtig nahm Lea die erste der wieder gesunden Venus-Fliegenfallen aus der Schale, bettete

die Wurzeln in ein Loch und verteilte etwas Erde darüber.

„Viel Glück", flüsterte sie.

„Das sieht ja aus, als hättest du das schon öfter gemacht", meinte Luisa mit einem anerkennenden Lächeln.

„Das stimmt", entgegnete Lea. „Aber eine Venus-Fliegenfalle hatte ich noch nie."

Luisa lächelte. „Tatsächlich?"

Als alle Pflanzen in ihrer neuen Heimaterde steckten, rief Luisa die Kinder noch einmal zu sich. „Ich habe eine Überraschung für euch. Hier. Ich weiß, dass ihr sie gut pflegen werdet."

Sie reichte Lea und Gustavo jeweils eine Venus-Fliegenfalle, die sie mit nach Hause nehmen durften. „Das sind natürlich keine wilden. Ich habe sie selbst gezüchtet. Ist gar nicht mal so schwer. Eigentlich müssten die Wilderer sie gar nicht stehlen."

„Danke!“ Glücklich hielten die beiden ihre Pflanzen in der Hand.

Nachdem sie sich von Luisa und ihrem Team verabschiedet hatten, gingen Lea und Gustavo zurück zur *Kolumbus*. Sie stiegen auf und boxten die Fäuste gegeneinander.

„Mission erfüllt.“ Lea seufzte zufrieden. Die *Kolumbus* ließ ein Pfeifen hören, das wohl ***ZUM GLÜCK!*** heißen sollte.

Auf dem Startknopf war nun NACH HAUSE zu lesen und Lea drückte ihn.

Geblendet von einem grellen Licht schossen sie davon. Die *Kolumbus* wurde schneller und rüttelte sie durch, als säßen sie in einer Achterbahn. Die dicken Reifen schrumpften zusammen und das robuste Quad verwandelte sich zurück in ein altes, klappriges Gokart, das von Klebeband zusammengehalten wurde.

Dann wurde das Licht wieder schwächer und Lea und Gustavo waren zurück in der Forscherzentrale.

Sofort wurden sie von den anderen Forscher-Kids umringt. „Großartige Arbeit!“, meinte Connor anerkennend und alle stimmten ihm zu.

„Vor allem die Sache mit den Bärengeräuschen!“, schwärmte Kiki.

Alle hörten gebannt zu, als Gustavo und Lea ihr Abenteuer von Anfang an erzählten und die Venus-Fliegenfallen herumreichten.

„Die sieht aus wie das Maul eines winzigen Tyrannosaurus“, stellte Tamiko mit einem Lächeln fest.

„Oder wie ein Außerirdischer“, sagte Roshni.

„Von der Venus?“, witzelte Olli.

Gustavo stellte seine Venus-Fliegenfalle in eine Vitrine mit exakt der richtigen Temperatur und einer speziellen Lampe, die nur so viel Licht spendete, wie die Pflanze brauchte. Lea wusste, dass sie es dort gut haben würde.

Es war Zeit, nach Hause zurückzukehren. Etwas wehmütig umarmte Lea ihren Teamkollegen Gustavo. Dann verabschiedete sie sich auch von den anderen und trat durch die leuchtende Tür.

Für einen kurzen Moment wurde sie geblendet von grellem Licht und ein heftiger Wind blies ihr entgegen. Dann stand sie wieder zu Hause vor ihrem Gewächshaus, als wäre sie nie weg gewesen.

Lea trat ein. Alle ihre Pflanzen gediehen prächtig. Sie war stolz, dass sie so gesund und gut gepflegt waren.

*Luisa sagte, Venus-Fliegenfallen könne man leicht züchten. Ob ich das wohl auch kann?*, überlegte Lea. Es gab nur eine Möglichkeit, das herauszufinden.

Sie beugte sich über ihre Pflanzen und flüsterte: „Ihr werdet bald noch mehr Gesellschaft bekommen. Sie sehen zwar etwas seltsam aus und sie ernähren sich auch etwas ungewöhnlich, aber seid schön nett zu euren neuen Freunden, ja?“

LEAS NOTIZEN

## DIE VENUS-FLIEGENFALLE

Fleischfressende Pflanzen brauchen im Gegensatz zu den meisten anderen Pflanzen nicht nur Wasser und Licht, um zu wachsen. Sie fangen und „fressen" Insekten oder andere kleine Tiere und entziehen ihnen Nährstoffe, indem sie sie verdauen. Die bekannteste fleischfressende Pflanze ist die Venus-Fliegenfalle.

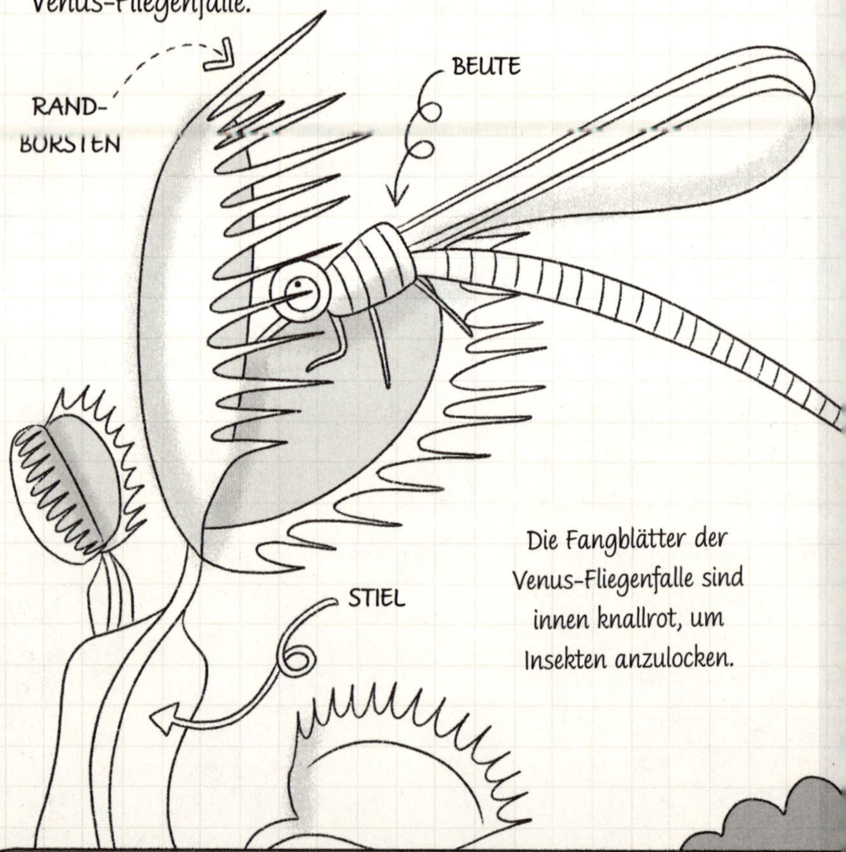


Die Fangblätter der Venus-Fliegenfalle sind innen knallrot, um Insekten anzulocken.

## WIE DIE FALLE FUNKTIONIERT

Wenn ein Insekt in einer Venus-Fliegenfalle landet und dabei die winzigen Fühlborsten berührt, klappen die Fangblätter zu. Die Beute wird mithilfe eines speziellen Sekrets verdaut.

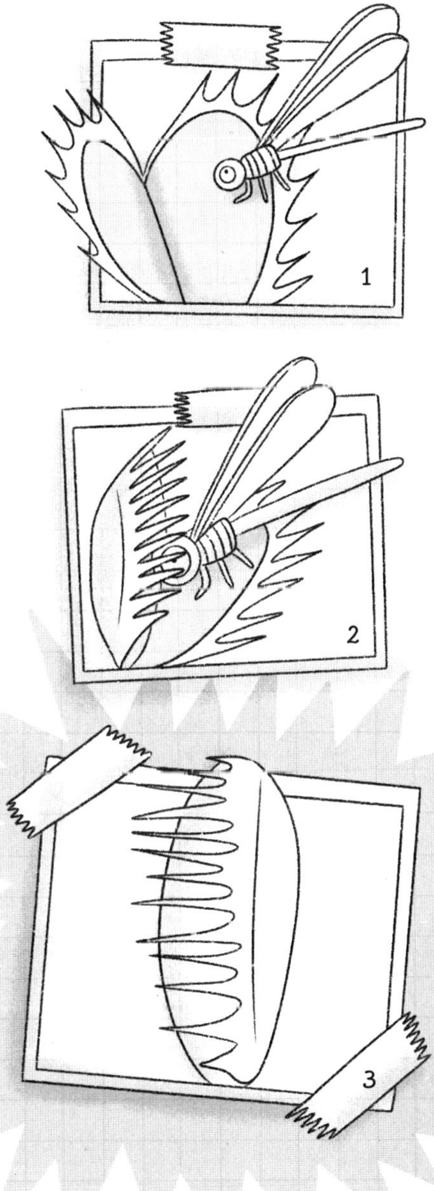


Venus-Fliegenfallen klappen nur zu, wenn kurz nacheinander zwei Fühlborsten berührt werden. Daran erkennt die Pflanze ihre Beute. Fällt beispielsweise ein Regentropfen in die Falle, schnappt sie nicht zu.

# FLEISCHFRESSENDE PFLANZEN

Es gibt mehr als 500 Arten fleischfressender Pflanzen. Sie alle haben unterschiedliche Methoden, ihre Beute zu fangen und zu verdauen.

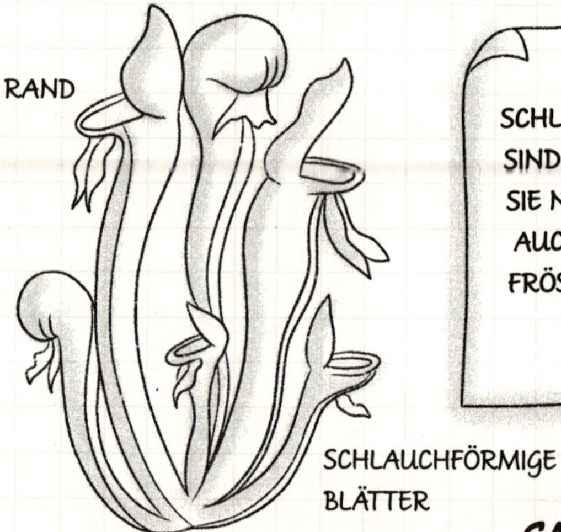


SCHLAUCHPFLANZEN SIND SO GROSS, DASS SIE NEBEN INSEKTEN AUCH MÄUSE ODER FRÖSCHE VERDAUEN KÖNNEN.

## SARRACENIA

Sarracenia, auch Schlauchpflanzen genannt, locken Insekten mit einem süßen Nektar an, den sie im oberen Rand ihrer glitschigen schlauchförmigen Blätter produzieren. Bei der Landung rutscht die Beute aus und gleitet nach unten in ein Sekret. Dort wird sie langsam verdaut.

Es gibt mehr als
40 Arten von
Fettkräutern.

## FETTKRAUT

Die Blätter des Fettkrauts sind mit zwei Substanzen überzogen: einem Klebstoff, an dem das Insekt hängen bleibt, und einem Sekret, das das Insekt verdaut. In Gewächshäusern werden Fettkräuter manchmal gegen Schädlinge eingesetzt.

Die meisten fleischfressenden Pflanzen wachsen auf nährstoffarmen Böden.

FANGBLÄTTER

## SONNENTAU

Sonnentau wächst in Sümpfen. Er hat Härchen mit klebrigen Tropfen am Ende, die Insekten mit Wasser verwechseln. Bleiben sie daran hängen, legen sich die umgebenden Härchen um die Beute und verdauen sie.

# WILDTIERE IN CAROLINA

Wilde Venus-Fliegenfallen wachsen nur in einem kleinen Gebiet in South und North Carolina in den USA. Dort sind aber nicht nur unzählige Pflanzenarten heimisch, es gibt auch viele Wildtiere.

## SCHWARZBÄR

* LÄNGE: bis zu 1,8 m
* GEWICHT: bis zu 300 kg
* ERNÄHRUNG: Früchte, Fisch, Gras

Schwarzbären sind sehr groß und stark, dabei aber erstaunlich schnell. Sie können bis zu 40 km/h schnell laufen und klettern mit Leichtigkeit auf Bäume.

## GÜRTELTIER

* LÄNGE: bis zu 57 cm
* GEWICHT: bis zu 6,5 kg
* ERNÄHRUNG: Insekten, Früchte

Obwohl sie gute Schwimmer sind, durchqueren Gürteltiere Flüsse zu Fuß. Sie können länger als 5 Minuten die Luft anhalten!

## FLUGHÖRNCHEN

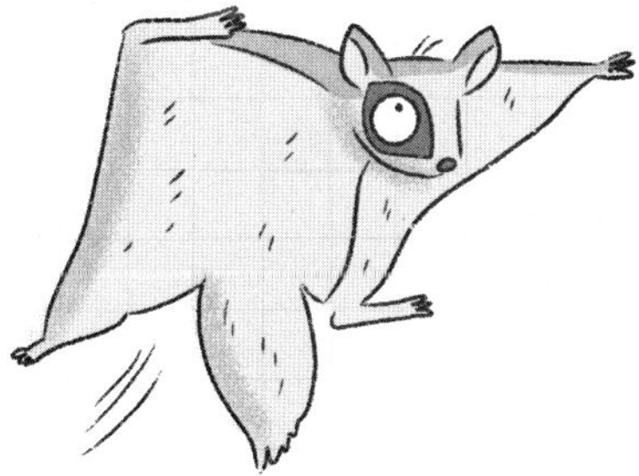

* LÄNGE: bis zu 15 cm
* GEWICHT: bis zu 140 g
* ERNÄHRUNG: Blätter, Nüsse, Früchte

Die einzigen Säugetiere, die wirklich fliegen können, sind Fledermäuse. Flughörnchen haben eine spezielle Flughaut, die wie ein Fallschirm funktioniert und mit der sie über weite Strecken durch die Luft gleiten können. Sie steuern mit dem Schwanz.

## ROTLUCHS

* LÄNGE: bis zu 110 cm
* GEWICHT: bis zu 18 kg
* ERNÄHRUNG: kleine Tiere, Vögel

Rotluchse sind Einzelgänger, die ihr Revier gegen Rivalen verteidigen. Anders als die meisten Katzenarten haben sie kurze Stummelschwänze.

## UHU

* LÄNGE: bis zu 60 cm
* GEWICHT: bis zu 2,5 kg
* ERNÄHRUNG: kleine Tiere, Vögel, Insekten, Reptilien

# QUIZ

1 Welche seltene Blume findet Lea im Wald bei sich zu Hause?

2 Richtig oder falsch: Ein Botaniker ist ein Wissenschaftler, der sich mit Tieren beschäftigt.

3 Wie nennt man Pflanzen, die Insekten fangen und fressen?

4 Richtig oder falsch: Venus-Fliegenfallen sind so groß wie ein Mensch.

5 Was für einem Bären begegnen die Forscher-Kids im Wald?

6 Richtig oder falsch: Gürteltiere bekommen immer nur ein Junges.

7 Was bringen die Forscher-Kids von ihrer Mission mit?

## SUCHE DIE FLIEGEN!

In diesem Buch sind fünf Fliegen versteckt. Kannst du sie finden?

So sehen sie aus!

**Die Lösungen** findest du auf Seite 127.

# BEGRIFFE

### AUSGESTORBEN

Tier- oder Pflanzenart, die nicht mehr existiert.

### BOTANIKER*IN

Person, die Pflanzen erforscht.

### CHLOROPHYLL

Stoff, der Pflanzen ihre grüne Farbe verleiht und mit dem sie aus Sonnenlicht Energie gewinnen.

### GEN

Abschnitt der DNA, in dem eine Information für den Körper gespeichert ist.

### GEWÄCHSHAUS

Gebäude aus Glas, das Pflanzen vor Kälte schützt.

### GPS

Ein System, das Menschen hilft, ihren Standort genau zu bestimmen.

***INSEKTIVOR***
Tiere oder Pflanzen, die Insekten fressen.

***IRRLICHT***
Leuchterscheinung in Sümpfen und Mooren.

***ISS***
Internationale Raumstation, die bisher größte Raumstation.

***KARNIVOR***
Tiere oder Pflanzen, die Fleisch fressen.

***NACHTAKTIV***
Tiere, die tagsüber schlafen und nachts jagen.

***NÄHRSTOFFE***
Substanzen, die Pflanzen und Tiere brauchen, um zu überleben.

***NAPOLEON***
Französischer Feldherr und Kaiser. Er lebte von etwa 1769 bis 1821.

***NATURSCHUTZ-ZENTRUM***
Ort oder Gebiet, in dem Tiere, Pflanzen und die Natur geschützt werden.

***PANZER***
Kampffahrzeug, das besonders widerstandsfähig ist.

***PILZE***
Lebensformen, die sich von toten Pflanzen und Tieren ernähren.

***PRITSCHENWAGEN***
Fahrzeug mit nach oben offener Ladefläche.

***PROJIZIEREN***
Ein Bild auf einer Fläche wiedergeben.

***QUAD***
Motorradähnliches Fahrzeug mit vier Rädern, das gut in schwierigem Gelände fährt.

***SAATGUTBANK***
Ort, an dem Samen für die

Zukunft aufbewahrt werden.

***SETZLING***
Junge Pflanze.

***VENUS-FLIEGENFALLE***
Kleine, fleischfressende Pflanze.

***WILDERER***
Leute, die verbotenerweise wilde Tiere fangen oder Pflanzen stehlen.

## *Lösungen*

1. Eine Geisterorchidee
2. Falsch
3. Karnivor oder fleischfressend
4. Falsch
5. Ein Schwarzbär
6. Falsch
7. Eine Venus-Fliegenfalle

Text for DK by Working Partners Ltd
9 Kingsway, London WC2B 6XF
Mit speziellem Dank an Adrian Bott

**Gestaltung** Collaborate Ltd, Sonny Flynn
**Illustrationen** Ellie O'Shea
**Fachliche Beratung** Anita Ganeri
**Lektorat** James Mitchem, Issy Walsh, Sarah Larter
**Herstellung** Robert Dunn, Francesca Sturiale

Der Verlag dankt Jo Chukualim und Lynne Murray
für zusätzliche Unterstützung der Bildredaktion.

Für die deutsche Ausgabe:
**Verlagsleitung** Monika Schlitzer
**Programmleitung** Heike Faßbender
**Redaktionsleitung** Martina Glöde
**Projektbetreuung** Angelika Herre
**Herstellungsleitung** Dorothee Whittaker
**Herstellungskoordination** Katharina Schäfer
**Herstellung** Jenny Kolbe

Titel der englischen Originalausgabe:
Secret Explorers: Plant Poachers



**Übersetzung** Katja Hald
**Lektorat** Susanne Böse, Böse Texte – Gute Texte, München

ISBN 978-3-8310-4940-0

**Druck und Bindung** TBB, a.s., Slowakei

MIX
Papier | Fördert gute Waldnutzung
FSC® C018179
www.fsc.org

**www.dk-verlag.de**

# Ein Fall für die ForscherKids

Erlebe noch mehr
Abenteuer mit
den Forscher-Kids!

ISBN 978-3-8310-4792-5

ISBN 978-3-8310-4791-8

ISBN 978-3-8310-4793-2